AF367296

LEo CASTRO

PENSAMIENTO EN GRIS

Le agradezco al tiempo haber esperado por mí para concluir un libro que hace mucho maduró. También a la vida, por cada día en el que me regaló argumentos para escribir, y a quienes estuvieron a mi lado para regalarme las experiencias que ayudaron a que se hicieran robustos mis Pensamientos en gris

Gracias a los amigos que colaboraron en la elección del título de este poemario, y a los colegas de una red social que, sin saberlo, me ayudaron a reconfirmarlo. Pero por encima de todo, le agradezco a mi compañero de vida, Jürg Wyss, su apoyo incondicional y su compañía incomparable.

Amor, qué lejano estás.
Ya no vives en mi corazón,
caducó el plazo.

He superado mi necesidad de ti,
tus labios no me saben a miel.

Tu dulce amar no me alimenta.

PORQUE LE AMO

Debería poner su corazón en un tazón,
embriagarme con su sangre
de manera que pueda morir
con solo escuchar su voz.

Él, la luz de mi ánima,
fuerza de mi ser,
la paz que buscaba.

Te amé, mi lirio del campo,
mi alma sin ti navegará perdida.

Perdóname cuando reí sin razón
desperdiciando el manantial
de amor que sentía por ti.
Solo fue rebeldía.

Hoy, mañana y siempre te amaré.

Viendo el Atlántico

El amor es la belleza
en el jardín de la dulzura,
la primera luna alimentada
de los colores del firmamento,
un cuento de hadas sin personajes
vagabundo de tu piel que pasea por tu alma.

Guardo tus recuerdos
en el manantial de los sueños.
Fácil fue cambiar los aromas
de los besos robados.
Tenerte fue una obra de teatro
que nunca tuvo final,
el telón siempre a oscuras
como foto en mi cartera.

Fue tocar el cielo con los dedos
sin subirme a una escalera.
En un momento fui todo lo que tú querías
que fuera y al final me abandonaste.

Ayer trajiste luz que hoy se desvanece.
Verte volver fue una quimera
y que te fueras, melancolía.

Un sitio en el corazón

Me he ido quedando sola
sin saber por qué,
ya no existe nadie para poder caminar.
Este silencio reinante…
Sé que andaré, y que
un gran mar existe
entre mis amigos y yo.

Mi dolor se convierte
en lágrimas que cubren el alma,
sin poderlas detener
son ríos de clara calma
sin saber adónde van.

Recorren mi cuerpo espinas de dolor.
Sangrante está mi ser;
nadie lo quiere saber.

Como valles cubiertos de nubes:
así estoy yo.

LA DISTANCIA TAMBIÉN ES MÍA

Espero anhelante la llegada de los seres
que se fueron;
partieron sin despedirse ni decir por qué.

La amistad se alejó en la madrugada
como herido gorrión
dejando cubierto mi rostro
con el llanto del dolor.

Ausencia deseada

Empiezo a querer a alguien
sintiendo la fuerza que obstruye mi llegar,
retrocedo para no permitir
que me destruya,
pongo entre el mundo y yo
una barrera de defensa
para ocultar mi fragilidad,
mi necesidad de ser amada
y tener una mano amiga
que se ofrezca sin reproches
ni complicaciones.

He decidido estar tranquila
dejando que el tiempo borre
las huellas de un amargo acontecer.

El esfuerzo ayuda a mi alma
para amar sin complicación.

SAHUMERIO

No te prometeré
más los museos
vacíos ni las
hojas desgastadas
sino un corazón
baldío lleno de
amor y olor a incienso.

Recorro mi mente.
No hallo ningún pensamiento
pasado, ni presente, ni futuro sobre ti.
Entonces me pregunto entre susurros:
¿qué será de él?
Descubro que te olvidé.
No sé quién eres,
ni siquiera sé tu nombre,
salvación para mi mente y mi alma
que ya no estés en mí.

Solo diré que
te he olvidado.

SOLEDAD

Mucho tiempo te ignoré,
de ti me olvidé creyendo
que sólo eras pasado.

Una vez estuviste en mi vida
porque así te lo permití
y me doy cuenta de que otro
amor logró hacerme sentirte nuevamente,
dolorosa soledad, a quien creí
haber olvidado.

Te pido por favor que no llenes más
mis ojos de llanto, porque estoy dolida:
se acrecienta el karma
que un día supe que habría de pagar.

Incandescencia

Lejos de mí está la luz radiante
que me iluminará,
destellante de ilusiones
y lisonjas en plena primavera.

Luz del firmamento,
conserva una estrella para mí,
qué cerca estoy de ti.

Palpitante, mi corazón
dirá: deseo verte brillar,
tengo dentro oscuridad.

Quitaré mi velo,
te oiré cantar,
sonará tu voz,
así en otra esfera tú estés.

QUIZÁ

El amor tocó mi alma.
No se puede explicar
cómo se siente y cómo quema.

Debería estar triste pero estoy feliz.
Algo sacia mi interior,
aprisiona mi pecho
aún no lo debo decir;
miedo, temor, recelo quizá,
pero eso es amar.

Miro hacia el cielo azul,
diviso un paraje desolado y gris.
Puede que sea efímero.
Esté tranquila o agitada, todo me lleva a ti.

Estoy alegre. Tengo un pensamiento
divagante y caviloso que me lleva contigo.
No es más que una presencia, pero la siento.

Aún no existen recuerdos
excepto una razón para lo que siento:
sé que le amaré.

SOÑARÉ

Deseo tocarte, mirar tus ojos,
quiero saber cosas de ti.

Cierro los ojos, palpo tu rostro,
siento tus manos en las mías,
no hay malicia al respirar,
solo necesito sentirte y guardar en
mi cuerpo el calor de tu piel.

No pude tener tu mirar de despedida.
Una luz oscura la tapó.
Sentí tu mirada dulce, triste, sola,
deseé acompañarte,
decirte lo que sentía.
Mas se esquivó el momento,
lo dejamos pasar.

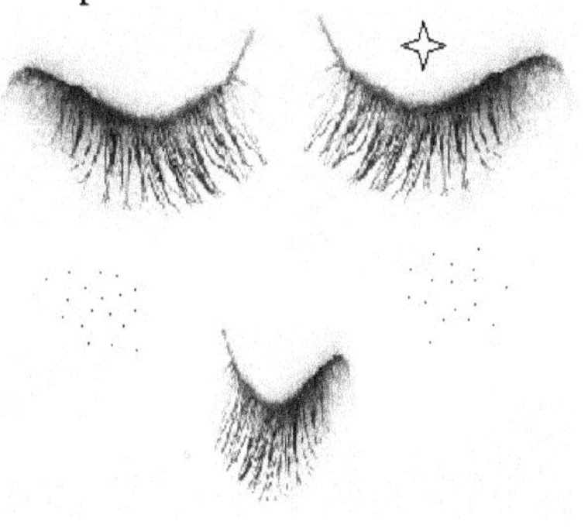

DESEARÍA

La ansiedad que siento
succionaría el agua del mar,
me ahogaría en ella
olvidando que existen dolores
y penas en mi interior.

Rompería las barreras
de mi esencia y bienestar.

Con otros compartiría mi pena interior,
pero no se puede entregar
porque es parte de mí.

Aboliría la pena como cadenas
con un solo tirón,
¡calcinaría ese dolor!

Vedaría la desesperanza
huyendo hacia un lugar mejor.

MI MANTO

Si escucharas mi soledad
yo te diría que te puedo querer.

Anhelo que así sea.
En tus ojos veo verdad.
Eso me alegra y me hace soñar.

Me siento feliz al saber que estás
aunque aquí no estés.

Te puedo sentir, mi manto de amor.
Tengo miedo a tu desprotección.

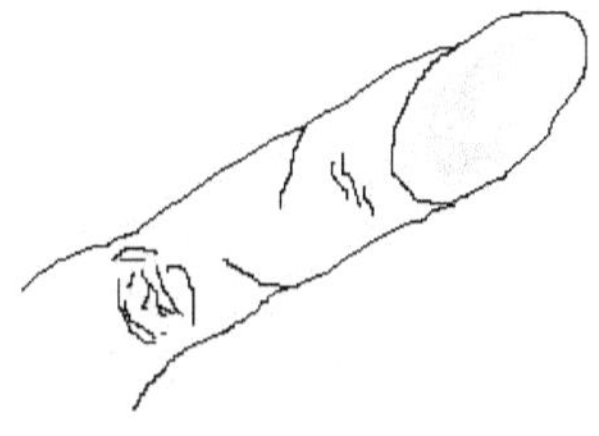

BUSCARTE SIN FIN

Quererte es sentir el peso de la soledad,
que todo se viene abajo
sin poderlo detener,
es tener un espacio vacío
que no se puede llenar.

Es encontrar una morada
y quererme refugiar en su interior.
Llega el viento que todo lo destruirá.

Es buscarte en la distancia
sintiendo que estás muy cerca,
sin poderte tocar
en el alma, el calor del amor
que quema pide ser entendido
en su soledad.

Amarte es quedarme con manchas
de sol en la piel con olor a arena,
como fuego encendido sin llama,
peso de leña seca.

Tardío

Si este universo tuviera la
dimensión de la soledad que me invade
sería más hermoso, más azul;
mi cielo, que ahora es gris
como el color de tus ojos.

Miro el firmamento cada día
guardando la esperanza de que un nuevo
amanecer te traiga de vuelta.

Un ramillete de flores.
Siempre esperaré
grandes rosas hermosas
que pongan color
a mis noches sin luna
y días sin sol.

Te bebo

Quisiera absorber lo que me rodea
tomando aquello que poseen,
pero la esencia de la naturaleza
me dice que no.

Adopto la posición de destructor,
consumidor de egoísmos,
no veo el motivo que tienen
los demás para seguir existiendo.

Cuando busco una razón de ser
mucho se sale de la realidad,
luego es banalidad.

Un mundo de cosas
por las que existir,
permitir que se desvanezca
entre mis manos
la ilusión de querer vivir
sin privar a otros
de tan valiosa cosecha.

No lo sé

El corazón y la humildad
son héroes de la realidad,
si desisto de ellos
viviré sin amor.

Ellos encierran el sentido
de mi ser sin dejar atrás mi crear.

Creo en mis sueños, y en poder realizarlos.

Encuentro el sentido de la vida
cuando quiero vivir amando.

DIME

Dime, corazón rebelde, ¿dónde estás?
Dame amor,
paz y bienestar.

Puedo sonreír.
Debe ser por amar.
Felicidad, que a mi puerta estás,
si no te asomas
me moriré en tu divagar.

Reflejo de una esperanza

Una isla desierta en medio del mar.
El cielo azul se deja ver con claridad
iluminando el bello horizonte
de quien lo habita.

Claro de luna,
la esperanza de un ser que vive
reflejado sobre las aguas,
deseando un día
escapar hacia la gran pureza.

Dejando desvanecer el rigor del tiempo,
con calma esperaré el nuevo amanecer y
quizás entienda los designios de Dios.

El alba me dice que anhelante
de amor se entrega
para vivir en paz
reposando en su majestuosidad.

LLUEVE

Con calor
aumenta la lluvia, como
polvo de aserrín
se hace sentir
y reflorece la vida.

Crepúsculo de un auténtico sentir,
sollozos susurrantes,
trémulos palpitares
de crecientes dolores de estancia.

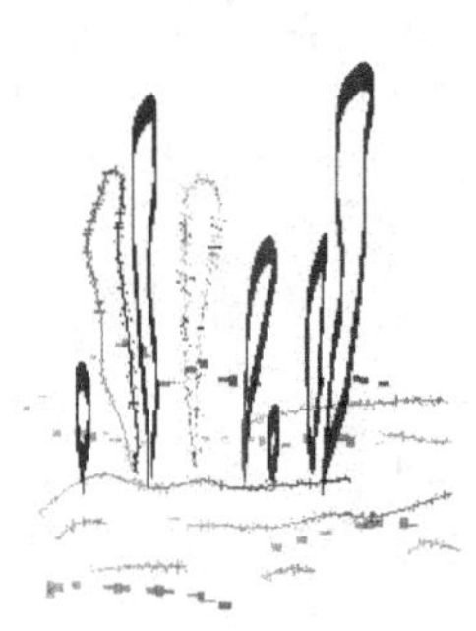

Vivir

La vida es vivir con intensidad
cada momento
aplacando en la boca los gemidos del amor.

Saludable bienestar de razón sin ser,
atesorados en el alma
los recuerdos del querer.

Tener una parte de ti
es para mí estar en silencio.

Tengo miedo de perder tu presencia,
cuando estás cerca no deseo abrazarte.
Susténtame, ánima,
para que soporte este diluvio.

Enceguecida la consciencia,
no sé por dónde ir.
Me nublo de dolor
y emergen los sollozos dolorosos.

Ayúdame, corazón, y oriéntame
para saber adónde ir.
Esperaré para poderlo ver.

FULGORES A MI MADRE

Si mi vida se flagrara en dolores y tristezas
correría a los brazos del amor sincero
que cobija el corazón de una mujer
para dar candor a mi existencia.

Saber que existo.
Existe un alma llena de devoción,
solo con su mirada triste,
oscura, me dice
que soy de vivir su razón.

Los años que tiene los ha vivido para mí
y todo lo que hay en su pecho
me lo dedica.

Me ama con tesón.
Si el destino nos separa, no nos aleja,
ella vivirá para poderme proteger.
Si el cielo la retiene,
me iluminará con gran ternura.

Sollozos en la noche

Si en algo puedo creer
es en las lágrimas
apesaradas que me dicen
que estás allí amándome
y dudando de lo que quieres hacer.

La noche es sabia,
me dará respuesta
a lo que un día deseaste decirme
y tal vez pidas perdón por mi dolor.

Mi flaqueza te puede ayudar.
Ten fe en mí, que te alentará.
Así los lirios no den olor,
siempre podrás creer en mi verdad.

Si los montes de angustia
te ayudan a perseverar
confía en mi mano que te apoyará,
sembrando la esperanza
de un suave verdor
porque mi alma la regó.

Si pudiera

En cien años de felicidad
no serías tú mi refugio.
Estoy dolida. Te entregué mi amor,
mi pasión y mi corazón.

He decidido dejarte de amar.
El silencio me embarga,
el dolor hiere mi ser
cuando te veo llegar.

Herviría de felicidad y dicha
si encontrara la paz en mí.
Necesito sobrevivir a esta tristeza.

Te susurraría al oído
que te he dejado de amar.
Mi alma vacilante no me dejará.
Te mostraría mi reflejo
en el espejo de alma vacía.

Todo es

Poseía dolor, color, alegría
anhelante del oscuro atardecer.
Así debería quedarse la mañana,
la tarde, la noche hasta el amanecer.

En la oscura niebla
estaré mejor siempre dormida;
en el rincón de mis deseos
sabré que tú estás.

Cerraré los ojos
quedándome en éxtasis
de la no existencia como si pudiera
con el suspiro la tristeza borrar.

SOBRIEDAD

Solo tengo un trozo de cielo
donde mirar el sol.

¿Qué me quieres quitar
en mi inmensa soledad?
¿No ves mi vacío interior?
¡Qué ciego estás!

Tardíos son los veranos
en que espero sentir la paz
que me pueda alegrar.

En el universo quiero
hallar una solución.

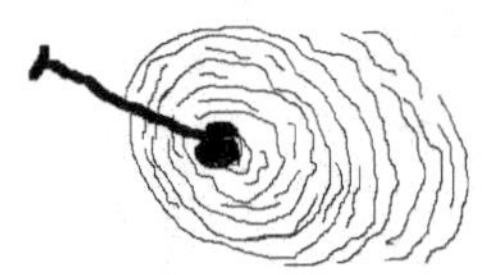

Mental

Como nube de polvo, mi cabeza está
plena de incertidumbre y pasión.

Me consumo en las ansias
de quitar este desamor.

Perdóname, vida, si he pecado.
Yo también puedo errar.

Sé que ahora le amo más.

BUTTERFLY

Crisálida voladora,
¿dónde estás?
Dame tu luz,
te lo pido por favor.

¿No ves que es poca mi iridiscencia
y mucho mi dolor?

Deja caer tu polvo
de majestuosidad sobre mí.

Aclara esta senda fría de mi andar,
te lo ruego, mágica de amor,
regálame un *trésor*.

Esperando

Lluvia y llanto,
relación más real.

Llora el cielo
por los pecados terrenales.

Se lamenta el hombre
porque no es amado.

Si hay un lamento
es que el alma está en duelo.

Antojo de sí

No te escondas de mí,
no me hagas sufrir,
dame tu cara,
dona tu luz,
tu palpitar y tu reír.

Escapa sin más,
la tristeza se rebela,
no quiere continuar,
te necesito a ti
para levantar esta pena.

Estoy siempre al antojo
de tus labios, de tu piel
de tu calor, de tu pasión.

Hombre fuerte que vienes a mí,
sudoroso y candoroso,
no te quiero hacer esperar
devórame, mi ave rapaz.

Natural

Gracias
porque eres el sol
que está en el poniente.
Brillas para mí.

Agradezco que sosiegues mi alma,
dejes ver en este claroscuro
de mi verdad
una lúcida tranquilidad.

Me confortas,
me haces llorar,
recuerdo quién soy,
encuentro la paz.

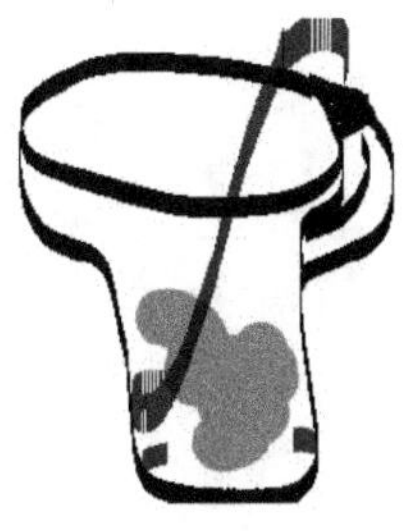

CRUELDAD

Solo con cerrar los ojos
escucho el palpitar de su corazón.
Oigo su voz,
su respiración,
siento su piel.

Acaricio su alma.
No tengo fronteras
ni nada que me separe de él.

Le amaré aunque un océano
me aparte.
Moriré pensando
en el color de su mirar.

Una breve sonrisa

Sueño sin parar.
Río ante la vida
buscando sin cesar la brillante luz
que de tu ser ha de brotar.

Despliego las alas de mi alma,
puedo volar hacia el paraíso,
a mi espacio sideral
donde yo sé que estás.

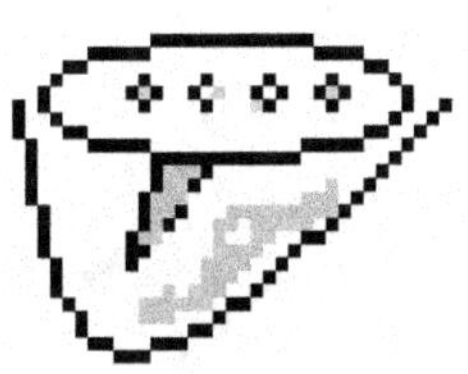

CANTA

Canta al sol,
busca en tu interior
la dulce energía que te ha de asolar.

Recubre tu espíritu de paz,
deja que brille el cristal de tus ojos.

Hay un sendero de amor
que has de encontrar en tu soledad.

RUMORES

Rumorea el viento en tu cabeza,
canta el mar sin cesar,
aúlla un lobo en la montaña,
un ruiseñor se inspira al cantar.
¿Qué daría el cielo por estar aquí,
la tierra por subir al firmamento?

Tú y yo, ¿qué daríamos el uno por el otro?

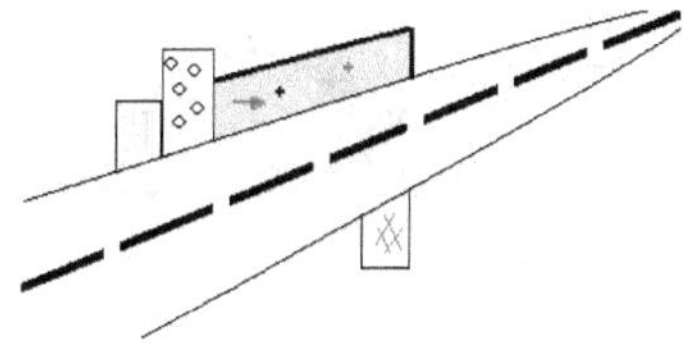

MAR ABIERTO

Miro el sol un instante
aprovechando su resplandor maravilloso,
cambio la ceguera de mis ojos
por vida en mi corazón
y tú desapareces.

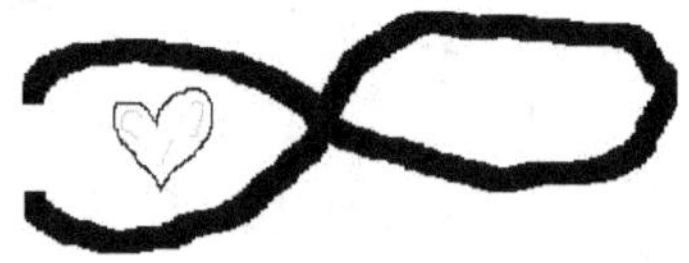

Pienso en él

El pasado llena de tristeza
mi camino al pensar en él.

Desecharé aquello que no me deja ver
la luz de la felicidad.

No le puedo olvidar.
Tampoco lo voy intentar.
Espero que un día
las heridas de mi alma
se puedan cerrar.

ENIGMA

Canto de sirena,
eres solo candor,
suspiros del silencio,
maravillas del amor.
Querer es tu sonrisa,
desear es tu pasión.

Tesoro escondido,
gritos de luz,
melancolía de sol,
canciones de ruidos,
palpitares de amar,
provocas enigma al pasar.

A TI

Tantas promesas rotas
hoy calan mi alma.
Debería olvidar ese dolor
dejando que fluya
la paz en mi interior.

Dolida estoy
sin poder rescatar mis pérdidas.

Ven pronto, ilusión, llena mi vida,
rescátame de esta maldición.

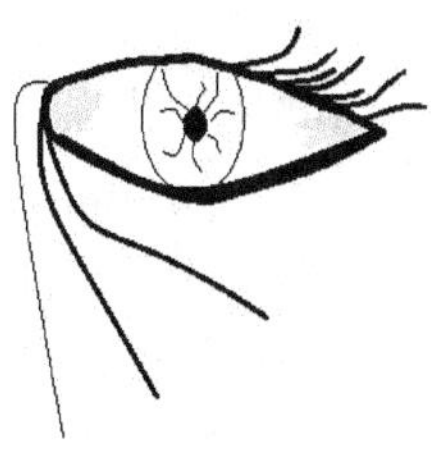

DÉJAME

Deseando salir a la lumbrera
de este silencio mortal
mi alma siempre ha de agobiar.

Quisiera callar este dolor.
No hay pasos
ni andenes sin andar.

No es camino
la zanja de herradura
que deja la bestia,
sino la que dejará
el caballero al pasar.

Calla, boca, para poder vibrar.
No más rugidos le pido al mar.
Esto será una utopía.

Un día cualquiera

Una mañana me desperté
pensándote, queriéndote,
extrañando el calor de tu piel.
Me levanté y vi que no estabas.

Pensé, ¿qué será de ti sin mí?
¿Sentirás lo mismo cuando
no me veas?

Donde estés llegarás a extrañarme,
me digo otra vez,
tu alma estará tranquila sintiendo sosiego,
discurro en mi entender,
si sabes que yo aún te sigo amando
no necesitarás tenerme contigo.

Todo acaba

Llevo tiempo amándole.
Perdí la cuenta:
contaba las horas,
las madrugadas,
las noches
y los atardeceres que pasaba sin él.

Ha pasado el tiempo.
Cada día de mi existir
desde que lo conocí le amo
como principiante de amor.

Llegará el momento,
cuando una capa blanca cubra mi cabeza,
en que mi corazón lata despacio,
mis manos sean temblorosas,
mi memoria ya casi borrada
esté medio moribunda
y en ese intento de poderle recordar
sabré que mi esencia de amar
sigue siendo él,
y que la luz de mi alma no se apagará
porque seguirá a su lado.

Incandescencia

Al desconcierto
he llamado «desesperación»,
mirando al cielo casi lo toco.
No hallo respuesta.
Deseo cambiar
el curso de lo que pasa.

Angustia,
miseria,
creyendo en lo ineludible y surreal.
Cuando todo está roto
quiero una verdad.

RECUERDOS

Sigo aquí un poco loca
entre pensamientos.
Descubro mis recuerdos,
aquellos días pasados
estaba anhelante por besar tu boca
y probé tus labios.
En mi mente alimento lo vivido.

Con los ojos cerrados recorro tu cuerpo,
tocando tu pecho sudoroso,
escuchando tu voz entrecortada y jadeante
cuando me decías que me querías.

Volvería atrás el tiempo,
le suplicaría que detuviera su paso
convenciéndole de que nadie le espera,
que se detuviera y descansase,
que fuese denso como la miel,
que no tuviera prisa,
que no habría de llegar a ningún sitio,
que fuese tenue y fugaz
y que después de recuperar yo a mi amor
reemprendiera su marcha dentro de un reloj.

LEIDEN

Al amor yo le diría: te necesito
para vivir junto a él,
deseo recuperar ese trémulo momento
volverlo a tener.

Imploro a la distancia que no exista más,
deseo poseerlo de manera tranquila
y volver a recorrer
los sitios transitados.

Ante el frío siento el calor de su mano
que me agarra fuerte para que pueda seguir.

SEMANA LOCA

Los momentos que entre amigos vivimos
me sacan una sonrisa
al recordar lo bien que lo pasamos.
Cada instante fue intenso.
Las luces, la oscuridad, la lluvia,
el desespero, el amanecer, el cansancio
y también el malestar.

Fuimos suspicaces, también alentadores,
un lapso especial para todos.
Cada uno vivió su experiencia
y construyó una historia que contar.

Nos fundimos
en el humo del manjar marrón
embriagados con el sabor
de las aguas servidas
por maniquíes de mostrador.

Subimos el escalón de la alucinación
bajamos sin pecado y sin perdón
alguno ni dio crédito del bajón insular.

Unos iban, otros venían,
no teníamos consciencia de existir,
al final descendimos del globo sideral
para la tierra tocar.

DESPIERTA

Le hago antesala con los brazos abiertos,
con el alma descubierta,
con el corazón empañado.
Con ganas de amar
todos los días, mis suspiros van por ahí.

Perdida entre escombros
de un ayer que nunca fue,
aerostática de pirámides
de humor sin dolor,
ni siquiera estoy confundida.
Me asomo al mundo
y no hay nada que ver.

DECEPCIONANTE ADIÓS

Acumulamos la soledad
que va dejando la gente al pasar.

No todo termina con un perdón y nada más.
Se clava en el alma,
derrumba el sentir de amar
si alguien se quiere acercar.

La verdad
es más frágil que el amor,
más soportable que el dolor,
más fuerte que la amistad,
más piadosa que la bondad,
más sincera que la propia soledad.

ROJO PÚRPURA

No pasa el día si no pienso en ti,
no termina la tarde si no estás presente,
no se marcha el sol
antes de que dibuje tu cuerpo.

Solo cierro los ojos
cuando mi último pensamiento eres tú
y cada nueva madrugada
el color de mi sangre
es igual a la tuya.

Amándonos a escondidas,
resarcidos de pasión,
guardaremos en secreto
este amor que nadie ve.

Línea del año

Sé que le quiero.
No tengo explicación.
Le vi por vez primera
en una noche de invierno.

La vida en unos comenzó
y en otros terminó.
Fue nueva temporada
de nuevos deseos.

Al siguiente día me enamoré.
Él se fijó en mí
y yo caí rendida en su pasión.

Nuestro primer beso fue algo sin igual,
me tembló la voz, no supe qué decir,
me miró a los ojos,
me cautivo más.
Mi corazón sólo late por él.

Al cuarto día desapareció.
Se perdió en la penumbra y
no lo he vuelto a ver.

SIN IMPOSIBLES

Espero encontrarlo en mi ventana.
Si alguien lo ve,
díganle que esperaré y esperaré.

Un café me recuerda su olor.
Su cabello teñido de luz,
su boca de amor,
su corazón de pasión,
sus brazos de furor.

Adonde vaya, yo iré con él.

Despacio

El corazón humilde y certero
no esconde murmullos,
mira de frente y pide perdón.
No construye muros:
los derrumba.

Cambia el pensamiento
acertado y sabe amar,
no infringe leyes,
no castiga con dolor:
alienta, sosiega, alimenta.

Cuando aparece, nace la luz,
una esperanza,
una voz solidaria que te anima a seguir.

Di siempre la verdad:
es mas fácil de repetir.

La vida es así

Existencia infinita
enemiga de la ignorancia,
aliada de la razón,
dame tu luz inmortal.

Aunque dolorosa
me dejas vivir,
voy a beber de ti
y embriagarme sin pudor.

No me dices nada,
no quieres verme otra vez.
Sabes que no puede ser,
tú sólo pasas una vez.

Línea divisoria

Es frágil y fuerte el amor.
Dejar de sentirlo no es fácil, ya lo ves.

Pedir perdón por amar
es un sentimiento que alarga la vida
y te regala más de lo que puedes dar.

Amar no ha sido nunca un error,
no es posible dejar de hacerlo.
Algunos no están preparados,
pero se ama aunque no se esté
junto a esa persona.

Se pierde una parte importante de la vida
cuando el otro no siente nada por ti.
Estamos inmersos
en la búsqueda del amor perfecto
porque no sabemos que nada se perdió.

Aflicción

Conocerte fue luz para mí.
Eras mi milagro del cielo.
Daba gracias cada día al despertarme
porque estabas ahí.

Cuando el tiempo pasaba sin ti era agonía.
Cuando volvías, regresaba la alegría.

Un día el tedio reposó en nuestras vidas,
llenó de tristeza nuestros días.
De nada podíamos hablar.
Así, lo que hacíamos juntos
hoy recuerdo es y nada más.

Aunque te duela, me abandonas.
Te cuesta levantar la cabeza para mirarme.
No te duele el alma
por saber que ya no me amas.

Sin venda en los ojos

Emito un lamento
al mar, al viento, al sol, al silencio,
a aquello que produce quebranto.

Me ha visitado la tristeza.
No le pude cerrar la puerta.
Me metí en su camino y no
pudo impedirme el paso.

Me descubrió la venda
y me mostró la verdad que quise esquivar
ante mis ojos cautivos
por el amor y la pasión.

Cuando él ya no está
aparece la soledad, reina de la noche,
con estancia en la madrugada.

Me susurró al oído todo lo que
no quería escuchar.

L'ANIMA

Con la venda levantada
descubrí la realidad
diciéndole ya te conocía.
No la quise mirar por miedo al dolor
lo ignoré tanta veces
que pasaba a su lado
y no le di importancia.

Ahora que estás conmigo te pido perdón,
por no querer ojear tu rostro.
Me has devuelto lo que soy.

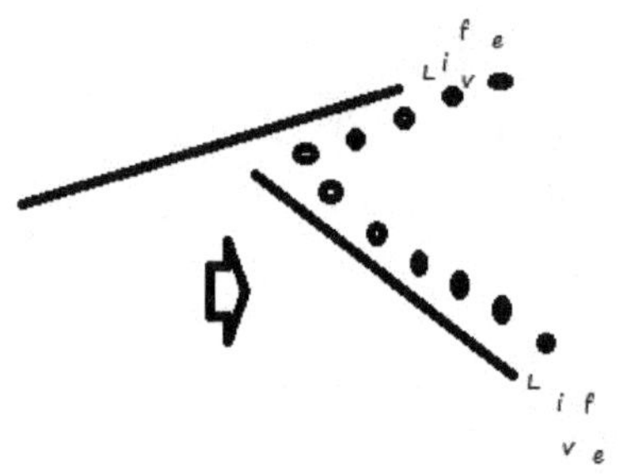

Inescrutable bienestar

Cuando paso cerca de los campos
donde vivíamos
me embarga la nostalgia
y se me escapa la emoción.

Sé que eres feliz y dibujo una sonrisa.

Decidí escapar,
borrar tu imagen,
cambiar el espacio,
pero mi alma sigue contigo.

Mi ser te añora,
mi cuerpo te desea.
No me opongo a tu recuerdo.
Mi memoria te guarda con recelo.

Infinito sin él

Te quiero.
La distancia aparenta que no.
Pero hay días en que me siento
morir sin ti.
En el interior de mi corazón
puedo gritar que te necesito.

El tiempo pasa,
te sigo amando.
Estoy herida de amor.
Sigo esperando por ti.
Te ruego
que me regales un segundo de tu vida
para recuperar la mía.

Mi única amiga es la soledad.
Mi alma se rompe
de no saber si volverás,
siempre soñando con que te voy a tener:
todo quedará en un recuerdo más.

Cada día

Su mirada triste me persigue.
Yo lo echo de menos.
Sus ojos de cielo
me daban la luz que necesitaba.

Fui por el camino de amor que me indicaba,
lo seguía con mi corazón y los ojos
vendados.

Volvíamos una y otra vez.
Una historia que terminaba, otra empezaba,
yo lo perdonaba y me cansé.

Mi alma quedó lastimada de tanto amarlo.
Mi corazón está enlazado en sus manos,
en mi jardín de ilusiones
será inútil verlo pasar porque no me ama.

Volveré a quedarme sola en mi rincón,
me ignorará,
no sabrá que lo estoy esperando
porque él está ciego.

RETORNO

He regresado a la ciudad
donde te conocí.
Recorro cada rincón
donde juntos vivimos
momentos de felicidad.

Recuerdo ilusiones compartidas.
Las mantengo, eso me sostiene en pie.

No perderé el sueño de volver contigo
y terminar el camino empezado.

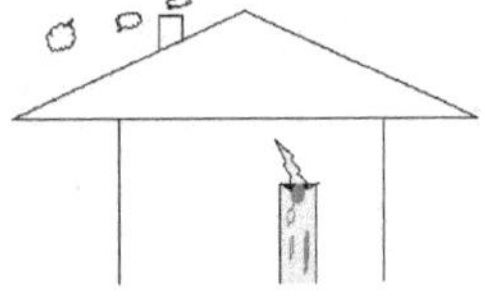

Calma esperada

Por fin hoy veo la posibilidad perdida
escribiendo sumergida en mis pensamientos.

Recuerdo esa mirada.
El sol se apaga.
Miro el horizonte y aparece tu figura.
Vislumbro tus manos y me quedo sin fuerzas.

Estoy cautiva por tu torso enardecido,
encadenada a tu primer beso,
que me robaste entre tinieblas y música.

Con esa manera de besar
mi alma se quedó prendada de ti.
El recuerdo me quema los labios
porque no quiero besar otros labios.

Solo deseo los tuyos.
No los tendré más.
Me saciaré de ellos hasta perder el aliento
si un día los ha de recuperar.

Two me

Observo tus andares,
me palpita el corazón,
me late fuerte el alma.

Me dejo inundar por la desolación
de no tenerte,
recurro a mis recuerdos para seguir
escribiendo,
te hago participe de lo que me das,
de lo que tomo a fuerza
para continuar mi camino y destino.

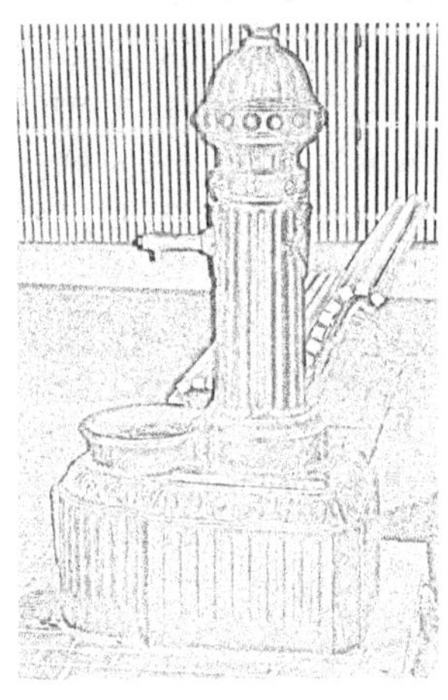

Eternal

Me alegra que seas parte de mi vida,
de mi camino, de mi viaje por la vida,
de mis sueños, de mi soledad,
de mi ilusión,
de mi entorno,
de mis huidas,
de mis regresos,
de mis fracasos,
de mis triunfos,
de mis lamentos,
de mis consuelos,
de mis sentimientos,
de mis amores y desamores,
de mis causas perdidas,
de mis batallas ganadas,
de mi paso del tiempo,
de mi madurez, de mi juventud,
de mis palpitares,
de mis enojos,
de mis tristezas, de mis alegrías,
de mi llanto y mi sonrisa,
de mi cabeza baja y levantada,
siempre serás parte de mí.

Soy yo, eres tú

Eres mi orgullo y mi tesón,
eres mi lamento y mi sosiego,
eres mi crepúsculo y mi amanecer,
eres mi día y mi noche,
eres mi sol y mi luna,
eres mi cimiento y mi agua para navegar,
eres mi océano perdido,
eres el aire que respiro,
mi suelo donde camino,
eres la sangre de mis venas,
y también mi tierra prometida.

Eres lo que anhelo en mi interior,
lo que busco en el exterior,
lo que buscaba dentro de mí,
me necesitaba yo y eres tú.

Amar demasiado

No me angustio más.
Aprendí a no desesperar
por ti, por tu llegar.

Al amarte lo hice
sin razón,
sin pudor,
sin certezas,
sin corazonadas,
sin violencia,
sin reproches.

Protegí y socorrí,
recordé,
perdoné,
consolé,
viví,
creí,
construí,
destruí,
transformé mi vida por ti
y solo recibí desprecio.

SINCERIDAD

Amor es el sentimiento más poderoso
del que dispongo para soportar el paso
del tiempo sin ti,
recordarte me da las fuerzas
que necesito para continuar.

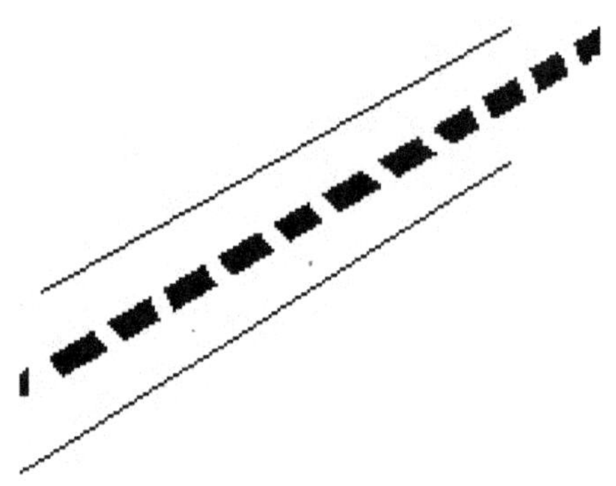

La última mirada

La última vez que vi tus luceros
habían perdido el brillo de amar,
te invadía la tristeza
por no amarte tú.

Brillaba el sol en pleno verano,
arropados cual invierno fugaz.

Se notaba mi falta de calor y la tuya.
Yo te amaba como a nadie.
No te enteraste de que me moría por ti.
Solo podía contemplar el color de tus ojos.

Mi alma se desgarraba en un adiós sin razón.
El viento no me ayudó
para gritarte mi amor.

Frontera en Samil

No me dejes aquí sin ti,
te lo suplico, por favor,
es una plegaria de amor
que voy a morir.
Se pasó el momento,
no pude hablar
y me acobardé ante ti.
Me pierdo.
Tu amor me supera.
Como yo te he amado
nadie te amará jamás.

Murmullo

Mañana espléndida llena de luz,
mi triste melancolía
recordando los días del ayer.

Sentir tu respiración en mi espalda
reposar en nuestro regazo,
sofoco y amor junto a ti.

Tu olvido me calcina
y mi alma te amará en silencio.

Te quiero
a hurtadillas,
a oscuras,
a escondidas,
cual niño que esconde
a su amigo imaginario.

MALA HIERBA

Igual da lo que haga,
lo que diga,
no entiendo razones
ni las voy a escuchar.

Me dejo llevar
por el sentimiento que me hace feliz.
Terminaré tan solo con tu amor en mi corazón.

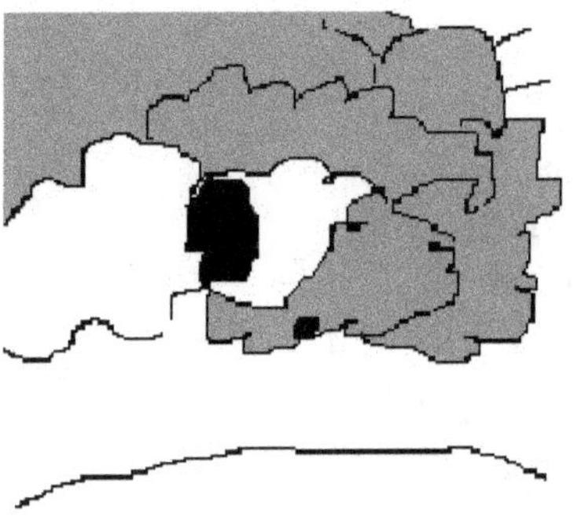

UN TESORO

Una certeza tengo:
a voces lo diré.

Dichosa está mi alma,
encontró lo que buscaba,
eso que algunos no hallarán jamás.

Tengo amor de verdad,
pasión que alimenta:
no necesito nada más.

Es mi complemento en a-mar.

ESTANDO SOLOS

Encontrar a quien amar
es un sentimiento que renueva,
es un tesoro escondido en el alma.

Soy feliz
y no le tengo conmigo,
pero sé que lo encontraré.

Deseo de felicidad

Dolió bastante saber que no me quieres,
no quiero arrastrar esto conmigo,
solo te pertenece a ti.

Nunca podré decir que te he amado
porque estoy queriendo a otro,
solo me escucharás decir que fui feliz
en pocos momentos.

Un día te veré sonreír
porque encontraste a tu amor.
Las fuerzas que me quedan en el alma
son mi sustento.

Imploro al cielo que encuentres
lo que tanto anhelas,
pudiendo desbordar la pasión
que dentro llevas.

A un amigo

Solo para ti van estos versos.

Oh, querido amigo,
que un día perdí de vista,
dejaste un halo de cariño
mientras estuviste conmigo
pero cuando partías
te fuiste enmudecido.

Saber quisiera si fue tu pena al marchar,
tu alegría de estar junto a los tuyos
o la máscara que escondía tu dolor.

Hoy, lejos,
cada uno en su rincón,
resguardando el tiempo,
el valor,
el dolor,
la nostalgia,
la ilusión,
lo que quiera que sea
te pertenece y me pertenece.

Pesar de soledad

Una queja,
un lamento,
una voz,
una corazonada,
una sensación,
una estación de otoño.

Si ha de ser
déjale llegar,
estar, reposar, salir,
demostrar lo que quiere de ti.
Cumplirá su cometido
y el sentimiento de pena
hará lo suyo.

CÍRCULO DE AMOR

Un universo se abre ante mí
cuando pienso en él.

Cierro la posibilidad
de no tener más amor que su amor.

Contemplo la realidad inconclusa
de saberme amando a escondidas
vislumbrando su amar en la lejanía.

Deseo acercarme a su corazón.

Manteniendo la ilusión

Mi corazón se apaga.
Busco reanimarlo
mirando el mar por mi ventana
y el sol alejarse en el horizonte.

Voy alejándome de ti,
mis pensamientos se confunden,
mi ánimo se hace denso,
los latidos de mi pecho, débiles.

Madurando con el pasar
del tiempo
cual adulto en su vejez.

Van decayendo los ánimos.
No se mantiene fuerte,
vigoroso ni vital,
no tiene aliento para seguir.

La fuerza del amor mantendrá
la ilusión que insistes en apagar.

DESCUBRIÉNDOTE

Mi tesoro, dondequiera que estés,
aquí estoy en silencio pensando en ti,
esperándote, necesitándote.

Tú, inmune como siempre,
invulnerable, inamovible,
indestructible, pero adorable para mí.

He descubierto tu cara oculta
que me hace quererte más.
Pareces inmune,
eres más vulnerable que yo.

Has plantado un campo de amor,
un día recogerás la cosecha.

I MISS YOU

La tristeza vuelve a invadirme.
Lanzo mi suspiro desesperado.
¿Por qué me abandonas,
sentimiento de amor
que creí encontrar?

Mío es un grito de lamento,
tú no lo escucharás,
no lo entenderás.

Otra vez me siento vacía
y se apodera de mi cabeza un rumor.
Llega el murmullo
y desfallezco de orgullo.

EL CALLAR DEL VIENTO

Quiero oír tu voz y no puedo.
El silencio se ha posado sobre ti
y no me escuchas, callas,
no te duele como a mí.

La inocencia que guardas,
que nadie te la quite,
no la pierdas,
eso es perder el alma, y no regresa.

Te recuerdo

En soledad me acuerdo de ti.
Puedo llorar si quiero,
ya no se me agujerea
el alma al pensar en ti.

Siento amor
pero no dolor,
no quiero los amores que matan:
no me interesan
ni me consuelan.

Guardo tu recuerdo con celo y devoción
y añoro los buenos momentos.

No me duele saber que te perdí.
Estás en mi mente y en mi alma.
La distancia es solo un flash.

Cuando te fuiste

Ya no me angustio,
no sufro,
solo lloro,
en mi interior siento
que no hay más lamentos
ni tristeza,
no hay pesares
ni perdones,
no hay rencores
ni nada que me falte más,
todo se fue.
Con su partida solo queda silencio.
Él se marchó,
no supe nada,
se escapó de mi mente
como un suspiro que sale
sin forzar el aire y se escapa
con un lamento incluido.

Te fuiste y ni me di cuenta,
esfumándote con la noche y la niebla,
con el silencio de la oscuridad,
con el sonido del olvido.

SILENCIO

Este momento llegaría un día.
Lo estaba esperando.
Ahora que lo tengo
me quedo sin palabras.

Mirando al vacío en silencio
solo brota una lágrima.

Es un instante ya vivido.
Contemplo impávida
mi pequeño universo de desilusiones.
Estoy en él.
Descubro mi verdad
es la soledad.

HOLA, NOCHE

Oscuro está
en mi rincón de soledad.
Ella me encantaba.
Prefiero este sentimiento
que los momentos
intranquilos de bien-no-estar.

Alguien que me entiende
en este inmenso espacio
que tenemos por hogar.

Cierro los ojos en la noche.
Quiero esconderme,
susurrarme al oído quién soy
para no perderme en el camino.

La imagen desdibujada

Mi alma está complacida.
Te doy gracias porque
eres mi fuente de inspiración;
te pienso con devoción.

Soy fan de tu sentido del humor
de tu pícara sonrisa
de tus andares de *playboy*.

De día no te recuerdo,
de noche entra la desesperación
hasta desdibujar tu imagen.

Alguna vez seré
camarera de tu piel,
conductora de tu mente,
la hechicera de tu corazón.

VOLVERÁS

Me haces reír,
después llorar,
si lloro es porque tú ríes.

No tendré nada más,
no lo necesito,
esperaré tu regreso a mi galaxia.

Sé esperar.
Estaré paciente
para cuando vuelvas en flor.

Amor de luna

Noche de San Juan,
sueño que se esfuma,
soledad intranquila,
mete un amor en mi cama.

Viniste a mí porque querías ser feliz,
pensé que por fin recogía
lo que había sembrado.

Tocaba tu piel caliente,
sentía latir tu corazón.

No necesité mirarte a los ojos
para sentir tu alma en un solo beso.

Creí que estaríamos juntos
como el agua y las nubes,
como el mar y la arena.

Todo fue un sueño
de una noche de magia y hechizo.
Se apaga la luna, se fuga el amor.

Extraño amor

Si supieras
el daño que has hecho a mi corazón.

Quince minutos marcaron la diferencia
entre tu amor y el mío.

Creía que era verdad cuando me decías
I love you.

Ahora comprendo
lo que significa en tu lenguaje
in love.

Qué voy a hacer con este amor
que mata y lastima dentro,
destrozando la razón.

Secretos

Creí que eras real,
que por fin tenía mi elfo del amor.
Te perdiste en el bosque,
en la sombra de la medianoche,
en una dulce emboscada al corazón.

Me cubrió tu aliento
y solo hablaba el silencio.

Entre tú y yo no hubo secretos.
Retuve tu corazón,
bebí de la vid de tu boca.

Hicimos promesas
que yo sí puedo cumplir.
Ni siquiera sé dónde estás tú.

Con el viento enviaré
una extensión de mi alma.

Alma descubierta

Cuando huelo tu piel
llega tu sudor,
son cerezos maduros
cayendo del árbol sin parar.

Son guindillas en la boca
que no me dejan respirar,
nueces de Brasil
que seducen sin parar.

Mi sangre se agita
cuando te siento moverte,
activo mi universo,
que es el tuyo también.

No pares ahora,
hasta llegar la recta final,
si me vas a dar algo
prefiero el autoestop.

OTRA VIDA

Vengo de lejos.
Te busqué en otros mundos,
te necesito de otras vidas.
En otro momento te prometí
que un día te encontraría,
tú no lo creías.

Te he buscado por cielo y mar.
Viví miles de historias,
he caminado sobre lagunas de fuego,
pétalos de jazmín
y nunca saciaba mi alma
porque tú no estabas ahí.

TE BUSCO

He cruzado muchos mares
sin parar esta búsqueda.
No he cambiado mi curso.
Solo miraba el destino,
esquivaba la vida cada vez que podía
para tener una siguiente divinidad.
Era una oportunidad más
para tocar tu alma.

Por las noches
nuestras almas gemelas
se encontraban
murmurando secretos
que no lograba descifrar.

Cruzando mares,
ríos y lagos,
viviendo en la montaña,
esquivando el crudo invierno,
sofocando el ardiente sol,
riendo con la primavera,
llorando lluvias del otoño.

Por fin tú me fuiste a encontrar.

Punto final

He llegado al punto de no retorno.
Terminó mi búsqueda,
encontré el sitio donde mi alma
se funde con la suya.

Donde todo es tranquilidad
y reina el amor,
olvidándose las penas.

El amargo pasado
ya no existe,
todo es luz y verdad.

La danza del amor
es lo único que importa,
el sonido ancestral de un timbal
borra mi agonía.

Por muchas vidas lo he amado,
ahora lo tengo,
nos convertimos en uno solo
en el espacio sideral.

NADANDO EN BARNA

Desearte
es un viaje azul hacia las estrellas,
una chimenea encendida que no tiene fuego,
un mar abierto en el que no poder nadar,
un calor en la piel
que al tocarla se vuelve fría,
un desorden en la mente
que no encuentra final,
una sonrisa dulce
sin miel y con hiedra,
un silencio en la distancia
que enmudece la voz,
brazos dispuestos que no saben abrazar,
luz en la noche que no muestra sendero.

Mirada desconcertante para encontrar la paz.

TREGUA

Para mí será un secreto
mi sentimiento hacia ti.
Es un misterio que no logro descifrar.
Ahí está latente,
tranquilo y pausado,
esperando en silencio.

Tú lo ves,
solo tú lo sabes y yo te respeto.
Encontrarás la respuesta,
al igual que yo.

Te comprendo.
Un día, la vida
nos hará cruzar la misma calle
sin reproches ni quejas.
Estaremos tranquilos
al observar el mismo banquillo.

CANDILEJAS

Amor mío, no hay más daño.
Quiero contemplarte,
pasear el sonido de la ensoñación
volviendo a mirar mi futuro
con una nueva ilusión.

Trotamundos he sido por ti,
maratones de amor que no gané,
futuros planes que nunca llegaron
y tú me reclamas perdón.

Mejor cierra los ojos
y regresa a tu rincón.

Iluminaste mi vida

Con las estrellas
del cielo me confundiría;
me convertiría junto con él
en una sola luz que brilla.

Cada mañana le pongo en mis plegarias
para que encuentre la paz al andar,
que no me necesite en su soledad
y esté pleno de amor.
Solo yo le necesito
porque con él aprendí a estar.

Fastidio de amor

Puse compresas a un amor
que no sangraba.
Parecían manchas de agonía:
era polvo con cenizas.

Te fuiste a comprar nuevas caricias
sin calcular el riesgo,
siguendo en soledad.

Tu carroña de amor te envenena y te eleva.
Pierdes la fe cada mañana,
por las noches recuperas tu demonio interior.

Eres como el perro callejero que no tiene
dueño ni dónde comer.

Te alojas donde nadie vive.
Tú solo te has perdido:
a mí no me envenenas más.

Lamento

La existencia del hombre
se disipa como niebla fugaz.

A la vida exijo una razón,
que muestre el sentido de la verdad.
No puedo andar,
arrastro los pies en mi recorrer.

No sé cómo soporta mi alma
este duro acontecer,
es un lastre que no descansa.
Mi espalda está saturada.

No deseo más agonía,
tan solo alegría y felicidad.
Eternidad, ¿cómo lo consigues llevar?

Anhelo vivir mucho.
Ella se escurre entre mis dedos
como el agua sin parar.

Miro al cielo y digo
que todo se repondrá.

TRISTE

Quién puede estar conmigo,
si ni siquiera estoy yo.
Quiero abrir una puerta
para que pase el aire
y me cambie el aliento al respirar.

Mis ojos están pegados a la tristeza
y mi alma a la desolación.

El cielo nunca cambia.
Las nubes buscan otoño delante de mi sillón,
yo estoy muerta en vida.

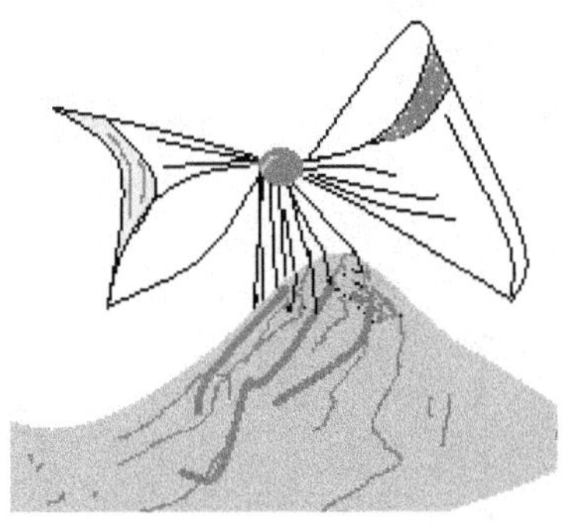

Solo una vez

Ayudas a cuidar mi alma,
convirtiéndote en mi guardián
en mi ventana, cada madrugada,
contigo se asoma un rayo de luz.

Tu amor me alienta a seguir,
devoras la vida por mí
y me alimentas con la tuya.

Contigo soy fuerte y débil a la vez.
Si no me amases más,
se apagaría mi fuego.
Eres mi otro yo perfecto.

Eres luz para mí,
no se puede poner frenos al querer.

Amanecer azul

Besarte el alma
bajos los colores del cielo barcelonés
en una tarde de otoño
fue mi agonía más pagana.

Vagabundo, que paseabas
sin saber adónde ir,
quise robarte la piel
y tú me robaste el alma.

Ilusiones perdidas,
un volver a empezar y ya no estás.

Metí los recuerdos
en un jarrón de barro
para no odiarte.
Al mirar por el cristal
fuiste la amargura
de un amor que nunca vi.

Espinas que no se ven

Bueno sería despertarme
y que tú no existieras.
Algunos dicen que el amor
es un error a ciegas,
por eso no vi tus horrores.

El amor es un ganador
que no pone cartas al azar,
se emociona por un rato
y te desprecia porque sí.

Te hace tocar el cielo con un primer beso
pero después te mete en el infierno
apagándote la luz.

Te regala rosas
sabiendo que tienen espinas.
Aprendes tú sola
que hasta la rosa más bella
está llena de astillas.

ABANDONA MI CORAZÓN

Quise cubrir tus carencias:
me equivoqué,
empezando otra vez mi vida,
cambiándome hasta el nombre.

Soñaba regalándote una flor.
Tú me rompías el cielo
y mi amor se gastaba
de tanto uso.

Ilusa fui, queriendo alcanzar una estrella.
Tú me apagabas el sol,
tuve que encender una vela.

Tarde entendí que la muerte enseña
que hay que vivir para poder morir.

Por amarte

El recuerdo de tu amor
me cala los huesos,
me ahoga sin explicación.

Tu presencia me acaricia
como el agua a la arena del mar.

Tengo tu imagen grabada
en mi pensamiento.

Tengo mi vida dispuesta para ti,
ansío tenerte cerca para nuevamente
ser tu dueña,
poseer tu alma y cuerpo.
Agotaré las fuerzas
de mi sangre para atraparte.

VOLVIENDO ATRÁS

Puedo inhalar el mismo aire mojado
que en la tierra respira la hierba.

Con los colores otoñales
reflejados en las hojas
caídas sobre el húmedo suelo.

Disfrutar cada momento que pasa con
un ápice de sol asomado en lo alto de los
árboles del espeso bosque.

No enterarme de nada en este búnker
de soledad en el que me encuentro.

He caído en este error de mi celda de cristal
donde veo la vida pasar.

Vínculo de amor

Aún conservo el olor a tu piel.
No podré olvidar el brillo de tus ojos,
que son como dos estrellas
que me indicaron el sendero a seguir:
me fui por el camino de tu bella luz ocular.

Mejor que el tiempo sea efímero;
yo no quiero volver atrás,
nada puedo hacer para retenerte.

Lanzo a la vida un clamor.
Te pido que no me dejes ir,
mascullo una sonrisa
cuando recuerdo tu seña de identidad.

SOLEMNE PODER

Me gusta contemplarte cada mañana
de pie, erguido, imponente
donde el paso del tiempo
no hace mella, ni una sola huella
deja en ti.

Ante el robusto otoño de Suiza
te mantienes en pie,
estás arraigado en tu principio de vivir,
el señor de los mil colores se va,
tú estás soldado.

Inmutable al paso del verano,
vestido de verde sigues tú.

Con el crudo invierno del Jura,
tú de blanco no te vistes jamás.
Cuando llega la primavera,
tu belleza es reina del lugar.

Leal a tu corazón
y contrario a los designios de Dios.

ÍNDICE

www.ingramcontent.com/pod-product-compliance
Lightning Source LLC
LaVergne TN
LVHW010633200726

843507LV00011B/1697